CAMILLE SOURBIER
FOTOS: MARTIN BALME

APPETIZER

INHALT

ZUM KNABBERN

ZUM KNABBERN (FORTS.)

ZUM TRINKEN

MINI-BURGER

VORBEREITUNG: 25 MIN.
GARZEIT: 5 MIN.

Für ca. 15 Mini-Burger

- 8 Hamburgerbrötchen
- 200 g Bio-Rinderhackfleisch, extra mager
- 8 Scheiben Cheddar
- Einige Cocktailtomaten
- 8 süßsaure Gewürzgürkchen
- 2 EL Ketchup
- 2 EL milder Senf

- Die Hamburgerbrötchen halbieren und mithilfe eines Ausstechförmchens oder einer Espressotasse in kleine runde Stücke schneiden.
- Das Hackfleisch in 15 ebenso große, runde Fladen formen.
- Die Cheddarscheiben ebenso schneiden.
- Tomaten und Gewürzgürkchen in runde Scheiben schneiden.
- Ketchup und Senf in einer kleinen Schüssel verrühren.
- Die Ministeaks in einer antihaftbeschichteten Pfanne 1 Minute von jeder Seite grillen. Den Käse auf die Steaks legen und anschmelzen lassen.
- Die unteren Brötchenhälften mit der Ketchup-Senf-Mischung bestreichen. Die Ministeaks mit Käse, Tomaten- und Gewürzgurkenscheiben übereinander auflegen. Mit den oberen Brötchenhälften bedecken und mit Zahnstochern fixieren. Sofort servieren oder im Kühlschrank aufbewahren und vor dem Servieren 5 Minuten im Ofen erwärmen.

MINI-FRÜHLINGSROLLEN

VORBEREITUNG: 20 MIN.
GARZEIT: 2–3 MIN.

Für 12 Mini-Röllchen

- 2 Möhren
- ½ Rote Bete
- 1 Packung Reisvermicelli
- 6 große gekochte Krevetten
- 12 Blätter frische Minze
- 4 vietnamesische Reisblätter
- 1 Handvoll Sojasprossen
- Süße Chilisauce als Beilage

- Möhren und Rote Bete schälen und reiben.
- Die Reisvermicelli 2 – 3 Minuten in einem Topf mit kochendem Wasser garen, in kaltem Wasser abschrecken und abtropfen lassen.
- Die Krevetten halbieren. Die Minzeblätter von den Stielen schneiden.
- Auf der Arbeitsfläche einen Suppenteller mit kaltem Wasser bereitstellen. Daneben ein feuchtes, sauberes Geschirrtuch ausbreiten. 1 Reisblatt 1 – 2 Minuten im Wasser einweichen, bis es durschscheinend und weich ist. Auf dem Tuch ausbreiten.
- In die Mitte der Waffeln ein wenig von der geriebenen Möhre und der Roten Bete, 3 Blätter Minze, 3 Krevettenhälften, Vermicelli und Sojasprossen legen.
- Das Reisblatt zu einer Rolle verschließen. Dazu die obere und untere sowie die rechte Kante nach innen umschlagen und nach links einrollen. Die anderen Frühlingsrollen ebenso herstellen.
- Die Frühlingsrollen in 3 Teile schneiden. Auf einem Teller anrichten und mit der süßen Chilisauce servieren.

TORTILLA MIT ENTENBRUSTFILET

VORBEREITUNG: 20 MIN.
GARZEIT: 10 MIN.

Für 6–8 Personen

- ½ Bund Schnittlauch
- 6 Eier
- 50 ml süße Sahne
- Salz, Pfeffer aus der Mühle
- 1 EL Olivenöl
- 16 dünne Scheiben geräuchertes Entenbrustfilet
- 16 frische Himbeeren

• Den Schnittlauch in Ringe schneiden.

• Die Eier in einer Schüssel verquirlen. Die süße Sahne und den Schnittlauch zufügen. Mit Salz und Pfeffer abschmecken und alles vermengen.

• Das Olivenöl in einer kleinen Pfanne erhitzen und die verquirlten Eier zugeben. 5 Minuten bei kleiner Hitze garen. Einen Teller umgekehrt auf die Pfanne legen und das Omelette stürzen. Wieder in die Pfanne zurückgleiten lassen, um die andere Seite solange zu braten, bis die Oberseite nicht mehr feucht ist. Abkühlen lassen.

• Das Omelette in 16 Vierecke schneiden. Eine Entenbrustscheibe auf jede Tortilla legen. Schließlich eine Himbeere mit einem Holzstäbchen feststecken.

LACHSTATAR IN BALSAMICOMARINADE

VORBEREITUNG: 30 MIN.
KEINE GARZEIT
MARINIERZEIT: 30 MIN.

Für 8–10 Personen

- 150 ml Balsamicoessig
- 300 g frisches Lachsfilet
- ½ Bund Schnittlauch
- 1 Passionsfrucht
- Saft von 1 grünen oder gelben Zitrone
- 100 ml Olivenöl
- 2 Prisen Fleur de Sel und Pfeffer aus der Mühle

• Den Balsamicoessig in einem kleinen Topf einige Minuten bei schwacher Hitze reduzieren, bis er eingedickt ist. Beiseitestellen.

• Das Lachsfilet in sehr kleine Würfel schneiden.

• Den Schnittlauch fein hacken. Einige Halme zum Garnieren aufbewahren.

• Den Saft der Passionsfrucht in eine Schüssel geben (eventuell filtern, wenn die Kerne stören). Zitronensaft, Olivenöl, Fleur de Sel, Pfeffer und Schnittlauch zufügen und alles verrühren.

• Die Lachswürfel in die Schüssel geben, umrühren und 30 Minuten im Kühlschrank marinieren (der Lachs gärt in der Marinade und wird weißlich).

• Die Lachswürfel aus der Marinade heben. ½ Teelöffel des reduzierten Balsamicoessigs auf einen Porzellanlöffel oder in ein Verrineglas geben, mit 1 – 2 Teelöffeln Lachstatar auffüllen und mit Schnittlauch garnieren. Pfeffern und bis zum Servieren kühl aufbewahren.

BUNTE ZIEGENFRISCHKÄSEKUGELN

VORBEREITUNG: 20 MIN.
KEINE GARZEIT
KÜHLZEIT: 1–2 STD.

Für 10–12 Kugeln

- 200 g Ziegenfrischkäse
- Salz, Pfeffer aus der Mühle
- ½ Bund glatte Petersilie
- 3 EL Sesam, geröstet
- 1 EL rosa Pfeffer
- 3 EL gemahlene Haselnüsse
- 3 EL ungesalzene Pistazien

• Den Ziegenfrischkäse mit einer Gabel zerdrücken. Mit Salz und Pfeffer abschmecken.

• Die Petersilie hacken. Mit dem Sesam vermischen.

• Die rosa Pfefferköner in einem Mörser oder mit einer Nudelrolle zerdrücken. Mit den gemahlenen Haselnüssen vermengen.

• Die Pistazien fein mixen und auf einer Untertasse verteilen.

• Aus dem Frischkäse kleine Kugeln formen. Ein Drittel der Kugeln in den gemahlenen Pistazien, ein Drittel in der Nuss-Pfeffer-Mischung und den Rest in der Petersilien-Sesam-Mischung wenden. 1 – 2 Stunden in den Kühlschrank stellen.

• Die Ziegenkäsekugeln mit kleinen Holzstäbchen servieren.

EI-LACHS-TERRINE IN GELEE

VORBEREITUNG: 20 MIN.
GARZEIT: 6 MIN.
KÜHLZEIT: 2 STD.

Für 4 Personen

- 20 g Gelierpulver
- 2 Stängel Petersilie
- 4 Eier
- 1 Scheibe geräucherter Lachs

- 400 ml Wasser in einem Topf erhitzen. Das Gelierpulver einstreuen und einrühren. Kurz aufkochen und den Herd ausschalten.
- Den Boden der Pastetenförmchen mit 1 Esslöffel Gelee und ein wenig gehackter Petersilie bedecken. Die Förmchen für 20 Minuten in den Kühlschrank stellen.
- In der Zwischenzeit die Eier 6 Minuten in kochendem Wasser garen.
- Die Eier in kaltem Wasser abschrecken und schälen.
- Die Lachsscheibe in 4 lange Streifen schneiden und im restlichen Gelee wenden. Die Wände der Pastetenförmchen mit den gelierten Lachstreifen auslegen.
- In jedes Förmchen 1 gekochtes Ei legen und mit Gelee auffüllen. 2 Stunden im Kühlschrank fest werden lassen.
- Die Pastetenförmchen mit dem Boden in einen Topf mit warmen Wasser stellen, um den Inhalt leicht herausnehmen zu können. Die gelierten Eier mit einem Salat servieren.

Der Lachs kann durch Schinken ersetzt werden. Zur Dekoration eignen sich Korianderblätter und sehr feine, in Rauten geschnittene Möhrenscheibchen..

RÖLLCHEN AUS GEGRILLTEN AUBERGINEN MIT RICTOTTA

VORBEREITUNG: 25 MIN.
GARZEIT: 6 MIN.

Für 6–8 Personen
(ca. 20 Röllchen)

- ½ Bund Basilikum
- 150 g Tomaten
- 600 g Ricotta
- 1 EL Mascarpone
- Fleur de Sel
- Fünf-Pfeffer-Mischung
- 2–3 Auberginen
- Olivenöl
- 2 EL Kräuter der Provence

- Das Basilikum fein hacken.
- Die Tomaten waschen, auf Küchenpapier abtropfen und in sehr kleine Würfel schneiden.
- Mascarpone und Ricotta in einer kleinen Schüssel vermischen. Tomatenwürfel, Basilikum, ein wenig Fleur de Sel und Pfeffer zufügen. Mit Frischhaltefolie abdecken und im Kühlschrank aufbewahren.
- In der Zwischenzeit die Auberginen waschen. Der Länge nach in sehr feine Scheiben schneiden (vorzugsweise mit einem Gemüsehobel). Von beiden Seiten mit Olivenöl einpinseln und mit den Kräutern der Provence bestreuen.
- Die Auberginenscheiben auf einem Plancha- oder einem Barbecuegrill 3 Minuten von beiden Seiten garen. Auf Küchenpapier abtropfen und abkühlen lassen.
- Ein wenig der Ricotta-Mascarpone-Mischung auf die Mitte jeder Auberginenscheibe geben. Die Scheiben einrollen und mit einem Zahnstocher oder Cocktailsticker feststecken. Bis zum Verzehr im Kühlschrank aufbewahren.

MINI-ROLLEN AUS ZIEGENKÄSE & SPECK

VORBEREITUNG: 10 MIN.
GARZEIT: 5 MIN.

Für 8 Personen

- 8 kleine, flache Ziegenkäse (z. B. Cabécou)
- 8 dünne Scheiben geräucherte Kalbsbrust oder italienische Pancetta (Speck)
- 8 kleine Zweige frischer Thymian
- 2 EL Olivenöl
- Pfeffer aus der Mühle
- 8 Scheiben Weißbrot oder frisches Baguette

- Die Ziegenkäse in die geräucherten Kalbsbrustscheiben oder die Pancetta einrollen. Zwischen Käse und Fleisch einen Zweig Thymian stecken.
- Die Röllchen in eine antihaftbeschichtete Pfanne oder auf einen Grill legen. Mit Olivenöl einpinseln und pfeffern. Bei schwacher Hitze 2 – 3 Minuten von jeder Seiten rösten.
- Die gerösteten Ziegenkäse auf Baguette- oder Weißbrotscheiben legen und sofort servieren.

SAUTIERTE GARNELEN IN KOKOS-ESPUMA

VORBEREITUNG: 20 MIN.
GARZEIT: 3 MIN.

Für 6 Personen

- 200 ml Kokosmilch
- 1 TL rote Currypaste
- Saft von 1 grünen Zitrone
- 4 Lauchzwiebeln
- 18 große Garnelenschwänze
- 2 EL Sojasauce
- 2 EL Olivenöl

- Für das Espuma: Die Kokosmilch in einem Topf erhitzen. Die Currypaste zufügen und mit einem Holzlöffel bei schwacher Hitze verrühren, bis sich die Paste aufgelöst hat.
- Vom Herd nehmen und den Zitronensaft einrühren.
- Die Masse in eine Sodaflasche füllen und verschließen. Eine Gaskartusche anschrauben und aufschäumen. Das Espuma in der Sodaflasche lassen und in einem Wasserbad warmhalten.
- Die Lauchzwiebeln in dünne Ringe schneiden.
- Einen Wok oder den Planchagrill aufheizen und die Garnelen unter Wenden 2 – 3 Minuten braten. Zum Schluss Sojasauce zugeben, mit Olivenöl beträufeln und mit den Lauchzwiebeln bestreuen.
- Je 3 Krevetten in kleine Auflaufförmchen oder Schälchen geben. Beim Servieren das lauwarme Espuma aus der Sodaflasche zu den Garnelen aufschäumen.

Bestreuen Sie die Garnelen mit Sesam oder kleingehackten Kräutern.

RETTICH MIT TARAMA & LACHSKAVIAR

VORBEREITUNG: 15 MIN.
KEINE GARZEIT
KÜHLZEIT: 1 STD.

Für 12 Stück

- 1 großer schwarzer Rettich
- Saft von 1 Zitrone
- 1 EL Sojasauce
- 2 Päckchen Lachskaviar

Für das Tarama

- 100 ml Milch
- 4 Scheiben Toastbrot ohne Rinde
- 150 g Kabeljaurogen (vakuumverpackt)
- Saft von 1 Zitrone (50 ml)
- 2 TL Crème fraîche
- 1 Schuss Olivenöl

• Den schwarzen Rettich waschen, schälen und halbieren. Eine Hälfte in dünne Scheiben schneiden. Mit einem Zitrusfrüchteschäler an der zweite Hälfte alle 2 Millimeter rundum feine Streifen abziehen. Dann ebenfalls in dünne Scheiben schneiden.

• In einem Suppenteller Zitronensaft und Sojasauce mischen. Die Rettichscheiben zufügen und in der Marinade wenden.

• Für das Tarama: Die Milch in einen Topf gießen. Das zerbröselte Toastbrot in der Milch einweichen. Herausnehmen und gut ausdrücken.

• Das eingeweichte Toastbrot mit dem Kabeljaurogen, dem Zitronensaft und der Crème fraîche vermengen. Die Mischung in einen Mixer geben. Tropfenweise Olivenöl zugeben und mixen, bis eine Mayonnaise entsteht. Das Tarama 1 Stunde in den Kühlschrank stellen.

• Die Rettichscheiben aus der Marinade nehmen und mit Tarama bestreichen. 3 Scheiben übereinanderlegen. Mit einem ½ Teelöffel Lachskaviar garnieren. Sofort servieren.

EIERCREME IM GLAS

VORBEREITUNG: 10 MIN.
GARZEIT: 10–12 MIN.

Für 10 Gläser

- ½ Bund Kerbel
- 150 g Frischkäse
- 100 ml flüssige Sahne
- 10 Wachteleier
- 2 TL Muskatnuss
- Fleur de Sel, Pfeffer aus der Mühle

- Den Kerbel hacken.
- Für ein Wasserbad etwa 2 – 3 cm hoch Wasser in einen Schmortopf gießen.
- 1 Teelöffel Frischkäse und 1 Teelöffel Sahne in jedes Verrinegläschen füllen. 1 Wachtelei darüberschlagen. Mit je 1 Prise Muskat, Fleur de Sel und Pfeffer bestreuen.
- Die befüllten Gläschen in das heiße, nicht kochende Wasserbad stellen und 10 – 12 Minuten garen. Die Eigelbe sollten matt werden, aber noch flüssig sein.
- Aus dem Wasserbad nehmen, mit Kerbel bestreuen und sofort servieren.

PARMESANCHIPS MIT PROSCIUTTO-RÖLLCHEN

VORBEREITUNG: 20 MIN.
GARZEIT: 5 MIN.

Für 6 Personen
(12 Stücke)

- 150 g Parmesan, frisch gerieben
- ½ Bund Schnittlauch
- 12 feine Scheiben Parmaschinken
- 1 Packung Frischkäse
- Pfeffer aus der Mühle

- Den Backofen auf 210 °C vorheizen.
- Ein Backblech mit Backpapier auslegen. Alle 2 cm mit einem Esslöffel eine runde Scheibe aus Parmesan formen. 5 Minuten im Ofen backen.
- Das Backblech herausnehmen und die Parmesankekse rasch nacheinander auf eine Kuchenrolle pressen, um Ihnen die Form von Chips zu geben.
- Den Schnittlauch hacken.
- Die Schinkenscheiben mit dem Frischkäse bestreichen und mit Pfeffer bestreuen.
- Jede Schinkenscheibe einrollen und diese Röllchen in 2 oder 3 Stücke schneiden.
- Die Schinkenröllchen auf die Parmesanchips legen und mit Schnittlauch bestreuen.

APRIKOSEN MIT BLAUSCHIMMELKÄSE

VORBEREITUNG: 20 MIN.
KEINE GARZEIT

Für 6–8 Personen
(ca. 20 Stücke)

- 100 g Blauschimmelkäse
- Ca. 20 getrocknete Aprikosen
- Ca. 20 ganze Walnüsse

- Den Blauschimmelkäse in dünne Scheiben schneiden.
- Die Aprikosen halbieren und 1 oder 2 Scheiben Blauschimmelkäse zwischen die Hälften legen.
- Je 1 Walnuss vorsichtig auf ein Holzstäbchen spießen, dann die gefüllten Aprikosen aufspießen.

Im Sommer sollten Sie frische Aprikosen verwenden und diese einkochen. Für den Sirup 80 g Zucker, 250 ml Wasser, 1 Stängel Rosmarin und 1 Sternanis vermengen. Bei kleiner Hitze 15 Minuten erwärmen. Die entsteinten Aprikosen in den Sirup geben und 10 Minuten pochieren. Herausnehmen und abkühlen lassen. Mit einer Käse-Petersilien-Mischung füllen. Die getrockneten Aprikosen können durch Pflaumen, Feigen oder Datteln ersetzt werden.

MINI-PIZZAS MIT GEMÜSE

VORBEREITUNG: 20 MIN.
GARZEIT: 10–15 MIN.

Für 8 Mini-Pizzas

- 2 Kugeln Pizzateig (frisch oder tiefgefroren)
- 2 Auberginen
- 2 Zucchini
- 3 EL Olivenöl + 1 EL für die Mini-Pizzas
- 1 TL Knoblauchpulver
- 100 g Kirschtomaten
- ½ Bund glatte Petersilie oder Basilikum, gehackt
- Fleur de Sel

• Den tiefgefrorenen Pizzateig auftauen. Bei Zimmertemperatur 2 – 3 Stunden ruhen lassen.

• Die Auberginen schälen und würfeln. Die Zucchini schälen und in Scheiben schneiden.

• Das Olivenöl in einer Pfanne erhitzen. Auberginen und Zucchini mit dem Knoblauchpulver bei mittlerer Hitze 8 Minuten dünsten.

• Die Kirschtomaten halbieren.

• Den Backofen auf 180 °C vorheizen.

• Den Pizzateig mit einer Kuchenrolle ausrollen. Mit einer runden oder ovalen Ausstechform 8 Minipizzas in der Größe einer Untertasse ausstechen.

• Das gedünstete Gemüse und die halbierten Tomaten auf die Pizzas verteilen. Mit Olivenöl beträufeln und im Ofen 10 – 15 Minuten backen.

• Aus dem Ofen nehmen, mit Fleur de Sel und mit Petersilie oder Basilikum bestreuen.

COCKTAILTOMATEN AUF BLÄTTERTEIG

VORBEREITUNG: 20 MIN.
GARZEIT: 10–15 MIN.

Für 12 Küchlein

- 200 g Cocktailtomaten
- 2 Schalotten
- 40 g leicht gesalzene Butter
- 1 EL flüssiger Honig
- 2 EL Sherryessig
- 1 EL brauner Zucker
- Salz, Fünf-Pfeffer-Mischung
- 2 Scheiben Blätterteig
- Einige Zweige frischer Thymian

- Den Backofen auf 180 °C vorheizen.
- Die Tomaten waschen und entstielen. Die Schalotten schälen und vierteln.
- Die Butter mit dem Honig und dem Essig in einer Pfanne zerlassen. Die Schalotten zugeben und 2 Minuten bei schwacher Hitze karamellisieren. Tomaten und Zucker zufügen und weitere 2 – 3 Minuten garen,dabei mit einem Holzlöffel regelmäßig rühren. Mit Salz und Pfeffer abschmecken.
- Den Blätterteig auf einer bemehlten Arbeitsfläche ausrollen und 12 runde Fladen, die etwas größer als Ihre Kuchenförmchen sind, ausstechen.
- Auf den Boden eines jeden Förmchens die karamellisierten Tomaten verteilen. Mit einem Blätterteigfladen abdecken, dabei die Ränder nach innen einschlagen. Im Ofen 10 – 15 Minuten backen, bis der Teig goldgelb wird.
- Die Förmchen aus dem Ofen nehmen und die Blätterteigtörtchen mithilfe eines Tellers auf eine Servierplatte stürzen.
- Mit frischem Thymian bestreuen. Heiß oder lauwarm servieren.

KABELJAU-KRAPFEN MIT KRÄUTERSAUCE

VORBEREITUNG: 40 MIN.
GARZEIT: 20 MIN.
EINWEICHZEIT FÜR DEN FISCH: 4 STD.
RUHEZEIT FÜR DEN TEIG: 1 STD.
MARINIERZEIT FÜR DIE SAUCE: 2 STD.

Für 15 Krapfen

- 250 g in Salz getrockneter Kabeljau
- 1 Bouquet garni
- 150 g Mehl
- Salz, Pfeffer aus der Mühle
- ½ TL Hefe
- 1 Prise Cayennepfeffer
- 2 Eier
- 100 ml Milch, gekocht und abgekühlt
- 1 kleiner Bund glatte Petersilie, gehackt
- ½ Bund Schnittlauch, gehackt
- 1 l Frittieröl

Für die Sauce

- 3 Lauch- oder Frühlingszwiebeln
- 2 Schalotten
- ¼ Bund glatte Petersilie
- 1 rote Chili
- 2 Tomaten
- Saft von 1 grünen Zitrone
- Salz, Pfeffer aus der Mühle
- 150 ml Olivenöl
- 1 TL Weißweinessig

• Den getrockneten Fisch in einem großen Gefäß mit Wasser 4 Stunden entsalzen, dabei das Wasser mehrfach erneuern.

• Den Fisch waschen. In einem Topf mit Wasser und dem Bouquet garni 10 Minuten kochen, dabei mehrmals den Schaum abschöpfen. Herausnehmen und das lauwarme Fleisch zerbröseln. Die Gräten entfernen.

• Das Mehl in eine Schüssel geben und eine Mulde formen, salzen und pfeffern. Die Hefe mit der Hand zerbröseln und zugeben. Eier und Milch zufügen und zu einem Teig verkneten. Die Kräuter einstreuen. Die Schüssel mit einem Tuch abdecken und 1 Stunde ruhen lassen.

• Den Fisch zugeben und untermischen.

• Das Frittieröl erhitzen. Kleine Frikadellen mithilfe von 2 Teelöffeln aus dem Teig formen und in das heiße Öl geben. 10 Minuten frittieren, dabei nach der Hälfte der Zeit einmal wenden. Die Krapfen auf Küchenpapier abtropfen lassen.

• Für die Sauce: Frühlingszwiebeln und Schalotten schälen und hacken. Petersilie und Chili ebenfalls hacken. Die Tomaten schälen und würfeln. Alles in einen Topf geben. Zitronensaft, Salz, Pfeffer, Öl und Essig zugeben. Mit 500 ml kochendem Wasser verrühren und 2 Stunden ruhen lassen.

• Die Sauce zu den Kabeljaukrapfen reichen.

MUFFINS MIT SCHINKEN & RICOTTA

VORBEREITUNG: 15 MIN.
GARZEIT: 15–20 MIN.

Für 12 Mini-Muffins

- 180 g Mehl, Type 55
- 3 TL Backpulver
- 2 Prisen Fleur de Sel
- 2 Eier
- 50 ml Olivenöl
- 100 ml Milch
- 125 g Ricotta
- 4 Scheiben roher Schinken, in Streifen geschnitten
- 1 Packung gekochter Schinken, gewürfelt

- Den Backofen auf 180 °C vorheizen.
- Mehl, Backpulver und Fleur de Sel in einer Schüssel vermengen.
- Die Eier in einer kleinen Schüssel mit dem Olivenöl verquirlen. Milch und Ricotta zufügen und alles gut verrühren. In die Schüssel mit dem Mehl geben und mit dem elektrischen Handrührgerät zu einem glatten Teig verarbeiten.
- Rohen und gekochten Schinken zugeben und unterrühren.
- Die Masse auf die Muffinförmchen verteilen.
- Im Ofen 10 – 15 Minuten backen. Abkühlen lassen und aus den Förmchen lösen.

PATATAS BRAVAS

VORBEREITUNG: 15 MIN.
GARZEIT: CA. 20 MIN.

Für 6 Personen

- 1 kg Kartoffeln
- 1 große Dose geschälte Tomaten
- 2 EL Tabasco
- 1 TL Streuzucker
- 1 Prise Espelettepfeffer oder Chilipulver
- 2 EL Olivenöl
- Fleur de Sel, Pfeffer aus der Mühle

• Die Kartoffeln waschen und ungeschält in einen großen Topf mit gesalzenem Wasser geben. 15 – 20 Minuten kochen. Wenn eine Messerklinge leicht in die Kartoffeln eindringen kann, ohne diese zu zerbrechen, sind sie gar.

• In der Zwischenzeit die geschälten Tomaten in einen Topf geben. Zucker und Tabasco zufügen und 15 – 20 Minuten bei kleiner Hitze köcheln, bis fast die gesamte Flüssigkeit verdampft ist.

• Die Kartoffeln aus dem Wasser nehmen und vierteln. Das Olivenöl in einer großen Pfanne erhitzen und die Kartoffelstücke von allen Seiten goldbraun frittieren. Mit Espelettepfeffer oder Chilipulver, Fleur de Sel und Pfeffer würzen.

• Die scharfen Kartoffeln mit einer würzigen Sauce servieren.

CAESAR-WRAPS

VORBEREITUNG: 15 MIN.
GARZEIT: 5 MIN.

Für 4 Personen
(12 Stück)

- 2 EL Olivenöl
- 4 Hähnchenschnitzel (oder die Reste eines gebratenen Hähnchens)
- 1 EL Gewürzmischung für Hühnchen
- Salz, Pfeffer aus der Mühle
- ½ grüner Salat
- 4 Sardellenfilets, in Öl eingelegt
- 100 ml Sauerrahm
- 120 g Parmesan
- 1 Knoblauchzehe, gehackt
- 1 Eigelb von einem hartgekochten Ei
- 4 Weizenfladen oder Tortillas

• Das Olivenöl in einer Pfanne erhitzen. Die Hähnchenschnitzel in Streifen schneiden, zugeben und mit der Gewürzmischung, Salz und Pfeffer 5 Minuten braten.

• Den grünen Salat waschen und in kleine Stücke schneiden. Größere Blätter im Ganzen aufbewahren.

• Für die Sauce: Die Sardellenfilets mit einer Gabel zerdrücken und mit dem Sauerrahm vermengen. Parmesan, Knoblauch und das gehackte Eigelb zufügen. Nochmals verrühren und das entstandene Dressing nach Belieben abschmecken.

• Jede Tortilla mit der Caesarsauce bestreichen, in die Mitte ein Salatblatt legen. Mit einigen Streifen Hühnerfleisch abschließen.

• Die Tortillas einrollen und in 3 Stücke schneiden. Mit kleinen Holzspießen feststecken.

KIRSCHTOMATEN ALS LIEBESÄPFEL MIT MOHN

VORBEREITUNG: 10 MIN.
GARZEIT: 5 MIN.

Für 20 Lutscher

- 20 Kirschtomaten
- 30 g Mohnsamen
- 100 g brauner Zucker

• Die Kirschtomaten waschen und in jede Kirsche einen Cocktailspieß aus Holz stecken.

• Einen großen Servierteller mit Backpapier belegen. Eine Schale mit Mohnsamen bereitstellen.

• Den braunen Zucker in einem Topf mit dickem Boden bei schwacher Hitze erwärmen, bis ein goldgelber Karamell entsteht. Nun mit einem Schneebesen flüssig rühren.

• Die Tomaten einzeln zunächst ins Karamell tauchen und dann in den Mohnsamen wenden. Auf dem Backpapier abkühlen lassen.

• Die Kirschtomaten können serviert werden, sobald sie fest geworden sind.

SPIESSE MIT THUNFISCH, KREVETTEN & MANGO

VORBEREITUNG: 20 MIN.
GARZEIT: 5 MIN.

Für ca. 20 Spieße

- 2 Filets vom weißen Thunfisch
- 3 EL Olivenöl + 1 EL zum Anbraten
- 4 EL Sojasauce
- 150 g Krevetten
- 1 Prise Espelettepfeffer oder Chilipulver
- Salz, Pfeffer aus der Mühle
- Einige Korianderblätter oder Thaibasilikum (nach Belieben)
- 1 vollreife Mango

• Den Thunfisch in 1–2 cm große Würfel schneiden.

• Sojasauce und Olivenöl in einer kleinen Schüssel verrühren. Die Thunfischwürfel zufügen und 10–15 Minuten marinieren.

• In der Zwischenzeit auf dem vorgeheizten Planchagrill oder in einer Pfanne etwas Olivenöl erwärmen. Die Krevetten mit einer Prise Espelettepfeffer oder Chilipulver, wenig Salz und Pfeffer 4–5 Minuten garen. Dabei mindestens einmal wenden. Die Krevetten sollten rundum rosa werden. Nach Belieben mit Koriander und Basilikum bestreuen.Abkühlen lassen.

• Die Mango schälen, den Stein entfernen und das Fleisch ebenfalls in 1–2 cm große Würfel schneiden.

• Je 1 Thunfischwürfel, 1 Mangowürfel und 1 Krevette auf Holzspieße stecken. Auf einem Servierteller anrichten und servieren.

LACHS-YAKITORI

VORBEREITUNG: 15 MIN.
GARZEIT: 5 MIN.
MARINIERZEIT: 30 MIN.

Für 6–8 Spieße

- 500 g frisches Lachsfilet (ohne Haut)
- 12–18 Garnelenschwänze
- Einige Blätter gehackter Koriander (oder 2 EL geröstete Sesamsamen)

Für die Marinade

- 2 EL Nuoc Mam (vietnamesische Fischsauce)
- 3 EL Saft von 1 grünen Zitrone
- 3 EL Sojasauce
- 1 EL Sake
- 2 TL brauner Zucker

- Den Lachs in 1 cm große Würfel schneiden.
- Die Zutaten für die Marinade in einer Schüssel verrühren. Die Lachswürfel und die Garnelenschwänze zugeben, vermischen und im Kühlschrank 30 Minuten marinieren.
- Jeweils 4 oder 5 Lachswürfel sowie 2 oder 3 Garnelenschwänze auf Holzspieße stecken.
- Den Plancha- oder Barbecuegrill vorheizen. Die Spieße insgesamt 5 Minuten grillen, dabei regelmäßig in die Marinade tunken und weitergrillen.
- Mit gehacktem Koriander oder gerösteten Sesamsamen bestreuen.

SPIESSE MIT JAKOBSMUSCHELN & CHORIZO

VORBEREITUNG: 20 MIN.
GARZEIT: 5 MIN.

Für 20 Mini-Spieße

- ½ milde Chorizo
- 10 Jakobsmuscheln ohne Schale
- 1 Schuss Olivenöl
- 20 g Butter
- 20 Kirschtomaten
- 1 Prise Fleur de Sel
- 1 Prise Espelettepfeffer oder Chilipulver

- Die Chorizo in 20 dünne Scheiben schneiden.
- Die Jakobsmuscheln quer halbieren.
- Das Olivenöl in einer antihaftbeschichteten Pfanne erhitzen. Die Butter zufügen und die Jakobsmuscheln 1 Minute von jeder Seite garen. Auf Küchenpapier abtropfen lassen. Mit Fleur de Sel und Espelettepfeffer oder Chilipulver bestreuen.
- Die Kirschtomaten waschen, in die Pfanne geben und 2 Minuten bräunen, dabei häufig wenden. Ebenfalls auf Küchenpapier abtropfen lassen.
- Auf jeden Spieß 1 Kirschtomate, 1 Scheibe Chorizo und ½ Jakobsmuschel stecken (bei längeren Spießen das Ganze wiederholen).
- Die Spieße lauwarm servieren.

GEMÜSE-TEMPURA

VORBEREITUNG: 10 MIN.
GARZEIT: 5–10 MIN.

Für 8–10 Personen

- 1 Zucchini
- 1 Aubergine
- 2 Möhren
- ½ Brokkoli
- 250 g Champignons
- 1 l Frittieröl

Für den Tempurateig

- 1 Eigelb
- 100 ml eiskaltes Mineralwasser
- 100 g Mehl
- 30 g Malzhefe (in Flocken)
- 1 TL Backpulver
- 1 Prise Espelettepfeffer oder Chilipulver
- Salz, Pfeffer aus der Mühle

- Für den Tempurateig: Das Eigelb in einer Schüssel verquirlen. Mineralwasser zugießen und unterrühren. Mehl, Malzhefe, Backpulver, Espelettepfeffer oder Chilipulver, Salz und Pfeffer zugeben. Alles zu einem glatten Teig verrühren.

- Das Gemüse waschen und schälen, in Streifen, Scheiben oder Würfel schneiden und salzen.

- Das Frittieröl in einer Pfanne oder Fritteuse erhitzen. Einen großen Teller mit Küchenpapier auslegen und bereitstellen.

- Das Gemüse im Tempurateig wenden und ins heiße, aber nicht rauchende Frittieröl (170 °C) geben. 5 – 10 Minuten goldbraun frittieren, herausnehmen und auf dem Küchenpapier abtropfen lassen.

- Das frittierte Gemüse lauwarm mit verschiedenen Saucen wie Sojasauce, Chilisauce, Mayonnaise, Ketchup, Béarnaise etc. servieren.

TOAST MIT TÊTE DE MOINE & GETROCKNETEN TOMATEN

VORBEREITUNG: 20 MIN.
GARZEIT: 4 MIN.

Für 4 Personen
(ca. 12 Toasts)

- Einige Scheiben Landbrot
- 30 g leicht gesalzene Butter
- 1 Dutzend getrocknete Tomaten
- Ca. 12 hauchdünne Scheiben Tête de Moine (ca. 50 g)

• Die Brotscheiben halbieren.

• Die Butter in einer antihaftbeschichteten Pfanne zerlassen. Sobald sie aufschäumt, das Brot zugeben und bei schwacher Hitze 2 Minuten von jeder Seite bräunen. Auf Küchenpapier abtropfen lassen.

• Die gerösteten Brotscheiben in kleine Quadrate schneiden.

• 1 eingelegte Tomate und 1 hauchdünn geschnittene Scheibe Tête de Moine auf jedes Stück Brot legen und mit einen Holzspieß feststecken.

Die getrockneten Tomaten können durch eine Konfitüre von schwarzen Kirschen ersetzt werden.

BRUSCHETTA À LA MOSTARDA MIT SOMMERFRÜCHTEN

VORBEREITUNG: 30 MIN.
GARZEIT: 5 MIN.

Für 8–10 Personen

- 1 Landbrot
- 2 Pfirsiche
- 1 Melone
- Einige Himbeeren
- 6 Scheiben Parmaschinken
- 1 Glas italienische Senffrüchte (Mostarda)

- Das Landbrot in Scheiben und dann in 2 – 3 cm lange Stücke schneiden. Die Stücke kurz von beiden Seiten grillen.

- Die Pfirsiche schälen, entkernen und in dünne Scheiben schneiden.

- Die Melone halbieren, die Kerne entfernen und das Fruchtfleisch ebenfalls in Scheiben schneiden.

- Den Parmaschinken in Streifen schneiden.

- Die Brotscheiben mit Senffrüchten (Mostarda) belegen. Die Sommerfrüchte zugeben und mit dem rohen Schinken abschließen.

- Noch ein wenig Mostarda zugeben und sofort servieren.

CLUBSANDWICHES MIT PASTRAMI

VORBEREITUNG: 30 MIN.
GARZEIT: 10 MIN.

Für 8–10 Personen

- 3 EL Crème fraîche
- 4 EL Senf mit ganzen Pfefferkörnern
- 50 g Gewürzgürkchen
- 2 kleine Landbrote
- 200 g Pastrami

- Crème fraîche und Senf in einer kleinen Schüssel verrühren.
- Die Gewürzgurken quer halbieren.
- Das Landbrot in Scheiben schneiden und leicht toasten.
- 4 Brotscheiben mit der Crème fraîche-Senf-Mischung bestreichen. Mit 2 Scheiben Pastrami und Gewürzgurken belegen. Die 4 belegten Brotscheiben übereinanderlegen.
- Diese Arbeitsschritte mit den restlichen Scheiben Brot und den restlichen Zutaten wiederholen.
- Die Sandwiches mit einem breiten Messer erst in Streifen, dann in Quadrate teilen.
- Cocktailstäbchen hineinstecken und die Clubsandwiches auf einem Servierteller anrichten.

SANDWICHES MIT HUMMUS & MARINIERTEN PAPRIKA

VORBEREITUNG: 30 MIN.
GARZEIT: 20 MIN.
MARINIERZEIT: 1 STD. 30 MIN.

Für 8–10 Personen

- 2 rote Paprika
- 100 ml Olivenöl
- 5–6 Scheiben Schwarzbrot
- 2 Prisen gemahlenes Kümmelpulver

Für das Hummus

- 1 Dose Kichererbsen
- 1 TL Ingwerpüree
- 3 EL Sesamöl
- Saft von 1 Zitrone
- 1 Prise Kümmelpulver
- 1 Knoblauchzehe
- Salz, Pfeffer aus der Mühle

• Den Backofen auf 180 °C vorheizen.

• Die Paprika auf ein Backblech legen und im Ofen ca. 20 Miuten grillen, bis die Haut Blasen bildet und beginnt, schwarz zu werden. In Gefrierbeutel füllen und abkühlen lassen.

• Die Haut von den abgekühlten Paprika ziehen und das Fleisch in 5 x 1 cm große Streifen schneiden. Mit Olivenöl übergießen und 1 ½ Stunden marinieren.

• In der Zwischenzeit den Hummus zubereiten: Die Kichererbsen abgießen, mit Ingwerpüree, Sesamöl, Zitronensaft, Kümmelpulver, Knoblauch, 1 Teelöffel Salz und 2 Umdrehungen aus der Pfeffermühle mixen. Es soll eine sehr glatte und gleichmäßige Creme entstehen. Die Paste 30 Minuten in den Kühlschrank stellen.

• Die Schwarzbrotscheiben in kleine Quadrate schneiden und mit dem Hummus bestreichen. 2 Scheiben übereinanderlegen. Auf die obere Brotscheibe 1 marinierten Paprikastreifen legen und mit Kümmel bestreuen. Kalt servieren.

FLADENBROT MIT MARINIERTEM LACHS

VORBEREITUNG: 15 MIN.
KEINE GARZEIT

Für 20 Mini-Sandwiches

- 200 g süßsaure Gewürzgürkchen
- 2 EL milder Senf
- 1 EL Essig
- 1 EL Streuzucker
- 4 kleine Fladenbrote
- 100 g gesalzener Frischkäse
- 300 g in Dill oder Pfeffer marinierter Lachs, in großen Stücken

- Die Gurken fein würfeln.
- Senf und Essig mit dem Zucker verrühren, bis sich eine sämige Sauce bildet. Die gewürfelten Gurken einrühren.
- Die Fladenbrote längs halbieren und mit Frischkäse bestreichen. Eine Hälfte der Brote mit 1 Esslöffel Gewürzgurkensauce beträufeln und mit 1 oder 2 Scheiben mariniertem Lachs belegen. Die Sandwiches mit den anderen Fladenbroten bedecken.
- Die Sandwiches in Dreiecke oder Quadrate schneiden und sofort servieren.

Die Sandwiches können im Voraus zubereitet werden, sollten dann aber im Kühlschrank, abgedeckt mit Frischhaltefolie, aufbewahrt werden. (Fladenbrot wird sehr schnell trocken und mürbe.)

ÜBERRASCHUNGSBROT

VORBEREITUNG: 50 MIN.
KEINE GARZEIT

Für 1 Überraschungsbrot

- 1 Landbrot oder 1 rundes Toastbrot
- 150 g Räucherlachs, in Scheiben
- ½ Bund Schnittlauch
- 1 Packung Frischkäse
- 150 g luftgetrocknete Wurst, in dünnen Scheiben
- 2 EL Kräuterbutter
- 150 g Comté (Rohmilchkäse), in dünnen Scheiben
- 150 g Bayonneschinken, in dünnen Scheiben
- 2 EL süße Butter
- 2 Espelettepfeffer oder Chilipulver

- Ein Ende des Brotes abschneiden. Mit dem Brotmesser am Rand senkrecht in das Bot einstechen und am Rand entlang das Brotinnere an einem Stück vorsichtig herausschneiden.

- Die Brotkrume in ½ cm dicke Scheiben schneiden. Jede Scheibe in 8 Dreiecke teilen (es sollten etwa 16 Brotdreiecke für jeden Belag sein).

- Für die Lachs-Sandwiches: Den Schnittlauch hacken. Ein Brotdreieck mit Frischkäse bestreichen, mit dem Schnittlauch bestreuen und mit einer Scheibe Lachs belegen. Mit einem Brotdreieck abschließen.

- Für die Sandwiches mit luftgetrockneter Wurst: Das Brot mit Kräuterbutter bestreichen, mit 1 Scheibe Wurst und 1 Scheibe Käse belegen. Mit einer weiteren Scheibe Brot bedecken.

- Für die Sandwiches mit Bayonneschinken: Das Brot mit süßer Butter bestreichen, mit Chilipulver bestreuen und mit 1 Scheibe Schinken belegen. Mit einer Scheibe Brot bedecken.

- Jeweils 4 Sandwiches mit verschiedenen Zutaten übereinanderlegen und wieder zu einem Brot zusammenlegen. Mit dem Brotdeckel verschließen. Im Kühlschrank bis zum Servieren aufbewahren.

BLINIS MIT RÄUCHERLACHS & WASABI-SAHNE

VORBEREITUNG: 30 MIN.
GARZEIT: 15 MIN.

Für ca. 15 Blinis

- 200 ml süße Sahne, sehr kalt
- Salz, Pfeffer aus der Mühle
- 2 TL Wasabi
- ½ Zweig Dill
- 150 g flüssiges Mehl
- ½ Packung Backpulver
- 1 Ei
- 1 Naturjoghurt
- 6 Scheiben geräucherter Lachs

- Die Sahne im Mixer schlagen, bis sie fest wird. 1 Prise Salz und das Wasabi zugeben und unterrühren. Die pikante Creme bis zur Verwendung im Kühlschrank aufbewahren.
- Den Dill fein hacken.
- Mehl, Backpulver und 1 Prise Salz vermischen. Ei, Joghurt und 50 ml Wasser zugeben. Das Ganze verrühren, bis ein glatter, nicht zu fester Teig entsteht. Schließlich den Dill unterrühren.
- Eine antihaftbeschichtete Pfanne erhitzen. Den Teig esslöffelweise mit ausreichend Abstand zueinander in die Pfanne geben. Bei schwacher Hitze braten, bis der Teig sich aufbläht und Blasen bildet. Die Blinis wenden und 1 weitere Minute braten, bis sie eine goldgelbe Farbe annehmen. Auf eine Platte oder einen Teller legen.
- Die geräucherten Lachsscheiben in Streifen schneiden.
- Einen Teelöffel pikante Creme auf die Blinis verteilen und mit einen Streifen Lachs belegen. Bis zum Servieren im Kühlschrank aufbewahren.

SAMOSAS MIT FRISCHKÄSE

VORBEREITUNG: 20 MIN.
GARZEIT: 10 MIN.

Für 8 Personen
(16 Teigtaschen)

- 250 g Feta
- 2 Dosen eingelegter Thunfisch
- 8 Scheiben Filoteig
- 8 TL Birnen-Mandarinen-Konfitüre
- Einige Kapern
- 500 ml Frittieröl
- Einige Stängel Kerbel, gehackt
- Gemischter Salat und Rucola zum Servieren

• Feta und Thunfisch in kleine Würfel schneiden.

• Die Filoteigscheiben aufklappen und halbieren.

• Einen der 16 Teighalbkreise auf eine Arbeitsplatte legen und die runde Seite umfalten, sodass ein langes Rechteck entsteht. Eine Ecke mit Konfitüre bestreichen. Fetawürfel, Thunfischwürfel und einige Kapern auflegen. Die gefüllte Ecke zu einem Dreieck umfalten. Bis zum Ende des Rechtecks erneut Dreiecke in die jeweils andere Richtung falten. Den letzten Streifen in das Dreieck stecken. Weitere Samosas ebenso herstellen.

• Das Frittieröl 2 – 3 cm hoch in eine Pfanne gießen und erhitzen. Die Samosas portinsweise ca. 10 Minuten frittieren. Auf Küchenpapier abtropfen lassen.

• Die Samosas mit gehacktem Kerbel bestreuen und auf einem Bett aus gemischtem Salat und Rucola servieren.

GUACAMOLE MIT FETA & DILL

VORBEREITUNG: 10 MIN.
KEINE GARZEIT

Für 6–8 Personen

- 2 vollreife Avocados
- ½ Knoblauchzehe
- 3 EL Olivenöl
- 125 g Feta, abgetropft
- ½ Zweig Dill
- Salz, Pfeffer aus der Mühle
- 100 ml süße Sahne

• Die Avocados aufschneiden und den Kern entfernen. Das Fruchtfleisch beiseitestellen. Die Knoblauchzehe schälen und entkeimen.

• Das Avocadofleisch mit Olivenöl, Knoblauch, Feta und Dill im Mixer pürieren.

• Die Masse in einer kleinen Schüssel mit Salz, Pfeffer und süßer Sahne verrühren. Bis zum Servieren im Kühlschrank aufbewahren.

• Mit Crackern oder gerösteten Weißbrotscheiben servieren.

RILLETTES MIT THUNFISCH, KRABBEN & SARDINEN

VORBEREITUNG: 30 MIN.
KÜHLZEIT: 1–2 STD.

Für 6–8 Personen

- ½ Bund Koriander
- 1 Schalotte
- 2 Dosen in Öl eingelegter Thunfisch
- 2 Dosen in Öl eingelegte Sardinen
- 2 Dosen Krabbenfleisch
- 450 g gesalzener Frischkäse
- 3 EL Crème fraîche
- 1 Prise Espelettepfeffer oder Chilipulver
- ½ eingelegte Zitrone
- 1 Prise Currypulver
- 1 TL Ingwerpüree
- Salz, Pfeffer aus der Mühle

• Den Koriander hacken. Die Schalotte schälen und hacken.

• Thunfisch, Sardinen und Krabbenfleisch abgießen und in jeweils eine Schüssel geben.

• Jeweils ein ein Drittel des Frischkäses und 1 Esslöffel Crème fraîche zugeben und gut verrühren.

• Zu den Sardinen Espelettepfeffer oder Chilipulver und Koriander, zum Thunfisch Schalotte und eingelegte Zitrone und zum Krabbenfleisch Currypulver und Ingwerpüree geben und verrühren.

• Jede Mischung mit dem Schneebesen sorgfältig verrühren und nach Geschmack mit Salz und Pfeffer abschmecken.

• Die Rillettes 1 – 2 Stunden in den Kühlschrank stellen. Mit Crackern oder Toast servieren.

AUBERGINENKAVIAR MIT FRÜHLINGSZWIEBELN

VORBEREITUNG: 30 MIN.
GARZEIT: 20–25 MIN.

Für 6 Personen

- 3 Auberginen
- 2 Knoblauchzehen
- 4 EL Olivenöl
- 1 EL Paprikapulver + 1 Prise zum Garnieren
- Salz, Pfeffer aus der Mühle
- 1 Bund Frühlingszwiebeln
- ½ Bund Schnittlauch

- Den Backofen auf 180 °C vorheizen.
- Die ganzen Auberginen auf ein Backblech legen und mit Heißluft oder unter dem Grill 20–25 Minuten garen, bis sich die Haut ablöst und Blasen wirft.
- Das Fleisch der Auberginen mit einem Löffel auslösen und in einer Schüssel mit gepresstem Knoblauch, Olivenöl und Paprikapulver verrühren. Mit Salz und Pfeffer abschmecken.
- Die Frühlingszwiebeln in feine Ringe schneiden und den Schnittlauch hacken.
- Den Auberginenkaviar auf Schälchen verteilen. Mit Zwiebeln und Schnittlauch bestreuen und mit Paprikapulver garnieren. Bis zum Servieren im Kühlschrank aufbewahren. Mit Schwarzbrot servieren.

AVOCADOCREME MIT KOKOSMILCH

VORBEREITUNG: 15 MIN.
KÜHLZEIT: 2 STD.

Für 10–12 Personen

- Einige Zweige frischer Koriander
- 4 vollreife Avocados
- 300 ml Kokosmilch
- Saft von 3 grünen Zitronen
- 1 Prise Currypulver
- 2–3 EL Milch (nach Belieben)
- Salz
- Sesamsamen und rosa Pfefferkörner zum Garnieren

- Den Koriander entstielen.
- Die Avocados halbieren und den Kern entfernen.
- Das Fruchtfleisch in einen Mixer geben. Kokosmilch, Zitronensaft, Currypulver und Koriander zufügen und die Mischung solange mixen, bis eine glatte, nicht zu feste Creme entsteht. Falls sie zu dick wird, etwas Milch zufügen. Eventuell mit etwas Salz abschmecken. 2 Stunden in den Kühlschrank stellen.
- Die Avocadocreme in Gläschen füllen. Mit Sesamsamen und rosa Pfefferkörnern bestreuen und sofort servieren.

Während des Mixens kann ein wenig abgeriebene Schale einer ungespritzten Zitrone zugegeben werden.

BLUMENKOHLCREME & ROTE-BETE-CHIPS

VORBEREITUNG: 30 MIN.
GARZEIT: CA. 20 MIN. (BLUMENKOHL), 5 MIN. (CHIPS)

Für ca. 20 Gläser

- 1 Blumenkohl
- 1 l Milch
- 1 EL grobes Salz
- 200 ml süße Sahne
- Salz, Pfeffer aus der Mühle
- 2 kleine feste Rote Bete
- Mehl, sehr fein gesiebt
- Öl zum Frittieren
- 2 EL Pistazien, gehackt
- Fünf-Pfeffer-Mischung

• Den Blumenkohl waschen und in kleine Röschen teilen. Die Milch in einem Topf mit dem groben Salz aufkochen und die Blumenkohlröschen ca. 20 Minuten garen. Abgießen.

• Die süße Sahne erwärmen. Die Blumenkohlröschen in einem Mixer mit der warmen Sahne verquirlen. Die Masse sollte geschmeidig und cremig werden. Mit Salz und Pfeffer abschmecken und beiseitestellen.

• Die Rote Bete schälen und mit einem Gemüsehobel in sehr dünne Scheiben schneiden. Die Scheiben nach und nach auf einem Küchenpapier abtropfen lassen.

• Die Rote-Bete-Scheiben im Mehl wenden, in ein Sieb geben und das überschüssige Mehl vorsichtig über dem Waschbecken abschütteln.

• Das Frittieröl erhitzen und die Rote- Bete-Scheiben einzeln frittieren. Wenn die Farbe des Gemüses von violett nach rot-orange wechselt und die Chips nicht mehr durchsichtig sind, aus dem Öl nehmen und zum Abtropfen auf Küchenpapier legen. Leicht salzen und abkühlen lassen.

• Die Blumenkohlcreme auf Gläschen verteilen und mit einem Rote-Bete-Chip garnieren. Mit gehackten Pistazien und der Fünf-Pfeffer-Mischung bestreuen.

SANGRIA MIT ROSÉ

VORBEREITUNG: 10 MIN.
KEINE GARZEIT
EINLEGEZEIT: 4 STD.

Für 2 Liter Sangria

- 2 Blutorangen
- 2 l Roséwein
- 200 g frische Himbeeren
- 150 g Kranbeeren, Preiselbeeren oder Johannisbeeren
- 3 EL Rohrzucker
- 50 ml Kirschwasser

• Die Orangen schälen und in kleine Würfel schneiden.

• Den Roséwein in eine große Schüssel gießen. Die Orangenwürfel und die restlichen Zutaten zugeben und alles verrühren.

• Die Schüssel in den Kühlschrank stellen und 4 Stunden ziehen lassen.

• In kalten Gläsern servieren.

MOJITO MIT ERDBEEREN

VORBEREITUNG: 10 MIN.
KEINE GARZEIT

Für 1 Glas

- 3 Erdbeeren
- ½ grüne Zitrone
- 2 EL Rohrzucker
- 60 ml Rum
- 7 Blätter frische Minze
- Mineralwasser
- 2 Eiswürfel

- Die Erdbeeren in einem großen Cocktailglas zerdrücken.
- Die Zitrone in kleine Würfel schneiden und zufügen.
- Rohrzucker, Rum und die zerkleinerten Minzeblätter zugeben. Alles verrühren.
- Das Cocktailglas mit Mineralwasser auffüllen und die Eiswürfel zugeben. Sofort servieren.

GRAPEFRUIT-PASSIONSFRUCHT-COCKTAIL

VORBEREITUNG: 10 MIN.
KEINE GARZEIT

Für 1 Glas

- 70 ml Saft von 1 Grapefruit
- Saft von 1 grünen Zitrone
- 1 Passionsfrucht
- 2 Eiswürfel
- Tonic Water
- 40 ml Bitterlikör oder Angostura
- 1 eingelegte Kirsche zum Garnieren

- Grapefruit- und Zitronensaft in einem Glas verquirlen.
- Die Passionsfrucht halbieren und den Fruchtsaft durch ein feines Sieb in das Glas pressen. Die Kerne nach Belieben zufügen und alles verrühren.
- Die Eiswürfel in ein großes Cocktailglas geben. Die Fruchtsaftmischung zugießen und mit Tonic Water auffüllen. Angostura zugeben und mit einer eingelegten Kirsche garnieren. Sofort servieren.

BLOODY MARY MIT BASILIKUM

VORBEREITUNG: 10 MIN.
KEINE GARZEIT
EINLEGEZEIT: 48 STD.

Für 1 Glas

- 40 ml Gin
- 120 ml Tomatenaft
- 2 Gurkenscheiben
- 1 Basilikumblatt
- 1 Rosmarinzweig
- 2 Spritzer Tabasco
- 5 Spritzer Worcestershiresauce
- 2 Spritzer Sellerie-Bitterlikör (oder 1 Prise Selleriesalz)
- 2 Eiswürfel

Für die Garnierung

- 1 kleine Stangensellerie
- 3 Basilikumblätter

- Alle Zutaten und die Eiswürfel in einen Shaker geben und mixen. In ein Glasbehältnis geben und 48 Stunden im Kühlschrank ziehen lassen.
- Die Mischung durch ein feines Sieb filtern und in ein Cocktailglas gießen.
- Mit Stangensellerie und Basilikumblättern garnieren. Sofort servieren.

SÜSSER WODKA

VORBEREITUNG: 10 MIN.
KEINE GARZEIT

Für 1 Glas

- 70 ml Wodka
- 40 ml frisch gepresster Grapefruitsaft
- Saft von ½ grünen Zitrone
- 1 EL flüssiger Honig
- 2 Eiswürfel
- 4–5 Basilikumblätter zum Garnieren

- Alle Zutaten in einem Shaker mixen, dann die Eiswürfel zugeben. Die Mischung zweimal durch ein Sieb filtern.
- In ein Cocktailglas mit Stiel gießen. Mit den Basilikumblättern garnieren und sofort servieren.

BELLINI

VORBEREITUNG: 10 MIN.
KEINE GARZEIT

Für 1 Glas

- 10 ml Pfirsichsaft
- 1 EL Zuckerrohrsirup
- 2 Eiswürfel
- Champagner
- 1 Pfirsichschnitz zum Garnieren

• Den Pfirsichsaft und den Sirup in einem Shaker mixen, dann die Eiswürfel zugeben.

• Die Mischung durch ein feines Sieb filtern und in ein sehr kaltes Sektglas gießen. Mit Champagner aufgießen.

• Mit dem Pfirsichschnitz dekorieren und sofort genießen.

MENGENANGABEN

Flüssigkeiten

Metrisches System	Amerikanisches System	Andere Schreibweise
5 ml	1 Teelöffel	
15 ml	1 Esslöffel	
35 ml	1/8 Tasse	1 oz (oder once)
65 ml	1/4 Tasse oder 1/4 Glas	2 oz
125 ml	1/2 Tasse oder 1/2 Glas	4 oz
250 ml	1 Tasse oder 1 Glas	8 oz
500 ml	2 Tassen	
1 l	4 Tassen	

Gewichtseinheiten

Metrisches System	Amerikanisches System	Andere Schreibweise
30 g	1 oz	
55 g	1/8 lbs	2 oz
115 g	1/4 lbs	4 oz
170 g	3/8 lbs	6 oz
225 g	1/2 lbs	8 oz
454 g	1 lbs	16 oz

Temperatur

Wärme	°C	Thermostat	°F
Gering	70 °C	2–3	150 °F
Warm	100 °C	3–4	200 °F
	120 °C	4	250 °F
Mittel	150 °C	5	300 °F
	180 °C	6	350 °F
Heiß	200 °C	6–7	400 °F
	230 °C	7–8	450 °F
Sehr heiß	260 °C	8–9	500 °F

Übersetzung aus dem Französischen: Annette Mader
Lektorat/Redaktion: Christoph Eiden
Satz und Produktion: ce redaktionsbüro
Umschlaggestaltung: Roman, Bold and Black, Köln

Gesamtherstellung: Tandem Verlag GmbH, Potsdam

ISBN: 978-3-8427-1148-8

10 9 8 7 6 5 4 3 2 1

VERRINE
amis
MINI!

IN DER GLEICHEN AUSSTATTUNG ERSCHIENEN

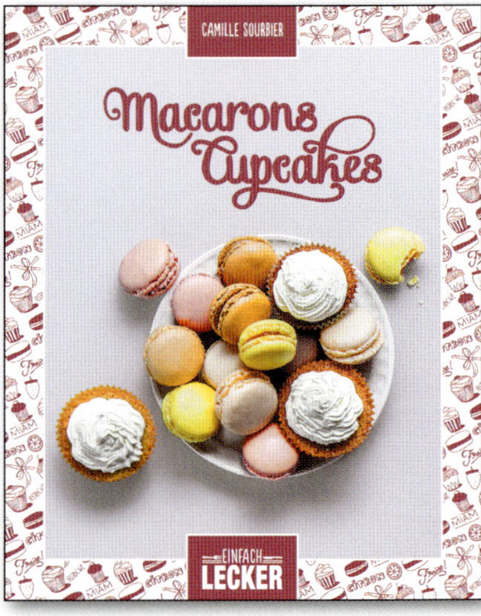

EINFACH
LECKER